BEI GRIN MACHT SICH IHR WISSEN BEZAHLT

AF150963

- Wir veröffentlichen Ihre Hausarbeit,
  Bachelor- und Masterarbeit

- Ihr eigenes eBook und Buch -
  weltweit in allen wichtigen Shops

- Verdienen Sie an jedem Verkauf

Jetzt bei www.GRIN.com hochladen
und kostenlos publizieren

GRIN

Bibliografische Information der Deutschen Nationalbibliothek:

Die Deutsche Bibliothek verzeichnet diese Publikation in der Deutschen National-bibliografie; detaillierte bibliografische Daten sind im Internet über http://dnb.d-nb.de/ abrufbar.

Dieses Werk sowie alle darin enthaltenen einzelnen Beiträge und Abbildungen sind urheberrechtlich geschützt. Jede Verwertung, die nicht ausdrücklich vom Urheberrechtsschutz zugelassen ist, bedarf der vorherigen Zustimmung des Verlages. Das gilt insbesondere für Vervielfältigungen, Bearbeitungen, Übersetzungen, Mikroverfilmungen, Auswertungen durch Datenbanken und für die Einspeicherung und Verarbeitung in elektronische Systeme. Alle Rechte, auch die des auszugsweisen Nachdrucks, der fotomechanischen Wiedergabe (einschließlich Mikrokopie) sowie der Auswertung durch Datenbanken oder ähnliche Einrichtungen, vorbehalten.

Impressum:

Copyright © 2016 GRIN Verlag
Druck und Bindung: Books on Demand GmbH, Norderstedt Germany
ISBN: 9783668359062

Kevin Gutsche

Sportanlagen und Sportstättenmanagement. Betrieb und Vermarktung einer Sportanlage

GRIN Verlag

GRIN - Your knowledge has value

Der GRIN Verlag publiziert seit 1998 wissenschaftliche Arbeiten von Studenten, Hochschullehrern und anderen Akademikern als eBook und gedrucktes Buch. Die Verlagswebsite www.grin.com ist die ideale Plattform zur Veröffentlichung von Hausarbeiten, Abschlussarbeiten, wissenschaftlichen Aufsätzen, Dissertationen und Fachbüchern.

Besuchen Sie uns im Internet:

http://www.grin.com/

http://www.facebook.com/grincom

http://www.twitter.com/grin_com

Deutsche Hochschule für

Prävention und Gesundheitsmanagement

Hermann Neuberger Sportschule 3

66123 Saarbrücken

Einsendeaufgabe

Fachmodul:	Sportanlagen – und Sportstättenmanagement
Studiengang:	Sportökonomie
Datum Präsenzphase:	14.12. – 17.12.2016
Name, Vorname:	Gutsche, Kevin
Studienort:	**Stuttgart**
Semester:	**SS13**

Inhaltsverzeichnis

1 Sportanlagen- und Sportstättenbau

Im nachfolgenden Absatz sollen die unterschiedlichen Phasen eines Sportanlagen- und Sportstättenbaus in eine logische Reihenfolge gebracht und mit zwei Techniken aus der Projektplanung veranschaulicht werden. Zuvor jedoch soll zunächst geklärt werden, was man unter Sportanlage und einer Sportstätte versteht. Eine Sportanlage ist eine Fläche, Anlage oder Einrichtung, die ausschließlich für den Sport bereitgestellt wird. Die Sportstätte integriert noch die Verknüpfung der Anlage mit dem Sportangebot, welches über die Sportstätte erfolgt (Bach, 2004b, S. 9f).

Der Bau einer Sportanlage ist ein komplexes Projekt, welches in unterschiedliche Phasen eingeteilt wird, wie es nachfolgend noch beschrieben wird. Dabei ist die zeitliche Koordinierung der einzelnen Teilschritte sehr wichtig, um den Bau nicht in die Länge zu ziehen und die Kosten dadurch in die Höhe zu treiben. Somit kann der Bau im Rahmen eines Projektes durch ein optimales Projektmanagement realisiert werden. Als Projektmanagement wird eine Gesamtheit von Führungsaufgaben, -organisation, -techniken und –mittel zur erfolgreichen für die Abwicklung eines Projekts verstanden (Hobel, 2015). Wichtig ist im Bereich es Projektes zu nennen, dass es ein Vorhaben ist, welches von einer Einmaligkeit und einer zeitlichen Begrenzung gekennzeichnet ist. Dabei ist das Projekt in der Organisation bereichsübergreifend (Kuster et al., 2011, S. 5). Ziel eines optimalen Projektmanagements ist, dass die Projekte richtig geplant und gesteuert werden, sodass die Projektziele qualitativ, termingerecht und im Kostenrahmen erreicht werden (Hobel, 2015). Zur Durchführung wird das Projekt in vier Phasen unterteilt. Dabei spielen die Projektdefinition, Projektplanung, Projektdurchführung und die Projektkontrolle eine entscheidende Rolle (Kuster et al., 2011, S. 19). Im Hinblick auf die Projektplanung erfolgt bei der terminlichen Planung die Ermittlung der Zeit für die in der Aufgabenplanung beschrieben Aktivitäten (Bea et al., 2011, S. 177f). Für die Ermittlung stehen unter anderem die „Plannet"- und Netzwerktechnik zur Verfügung. Diese beiden Techniken sollen nun nachfolgend auf die Aufgabenstellung angewendet werden.

Tabelle 1: Phasen für den Bau einer Sportanlage

Phase	Vorgang	Dauer	Vorgänger	Nachfolger
Markt- und Bedarfsanalyse	A	2	-	B, C
Standortwahl	B	1	A	D
Sportverhalten und Nutzenanalyse	C	3	A	D
Raumprogramm und Funktionsanalyse	D	1	B, C	E
Konzeptualisierung mit Kostenschätzung und Betriebskostenanalyse	E	4	D	F
Machbarkeit und Finanzierung klären	F	6	E	G
Planung und Festlegung der Baudetails	G	8	F	H
Realisierung des Baus	H	12	G	I
Betrieb der Sporthalle	I	> 12	H	-

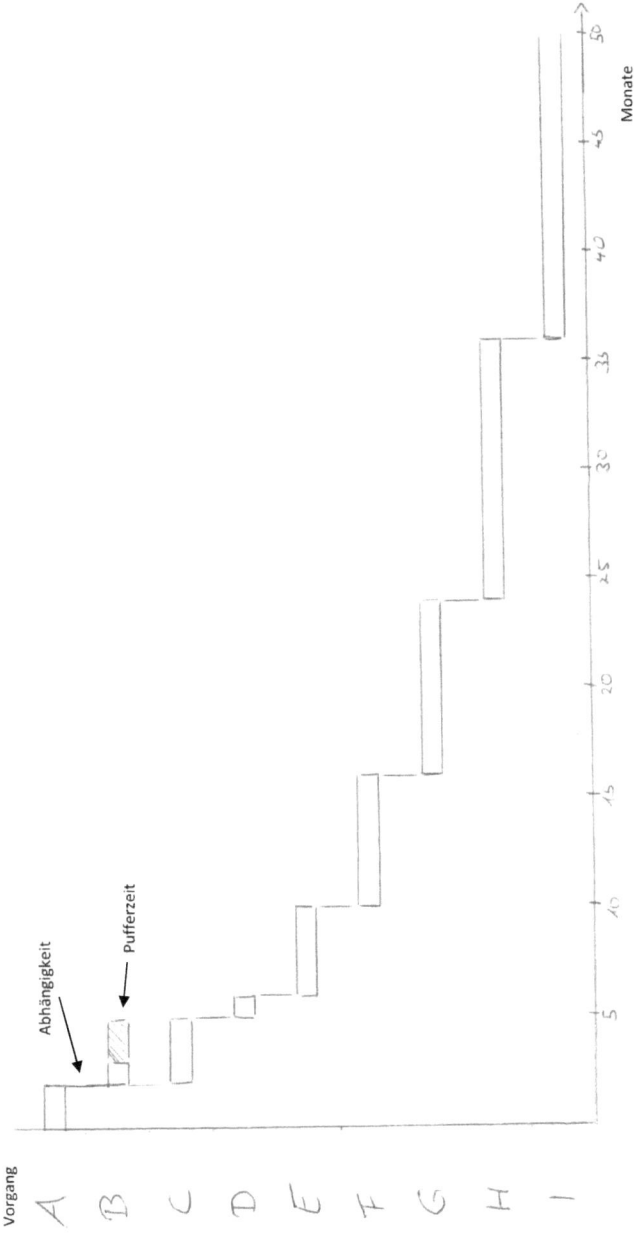

Abbildung 1: „Plannet"-Technik für den Bau einer Sportanlage

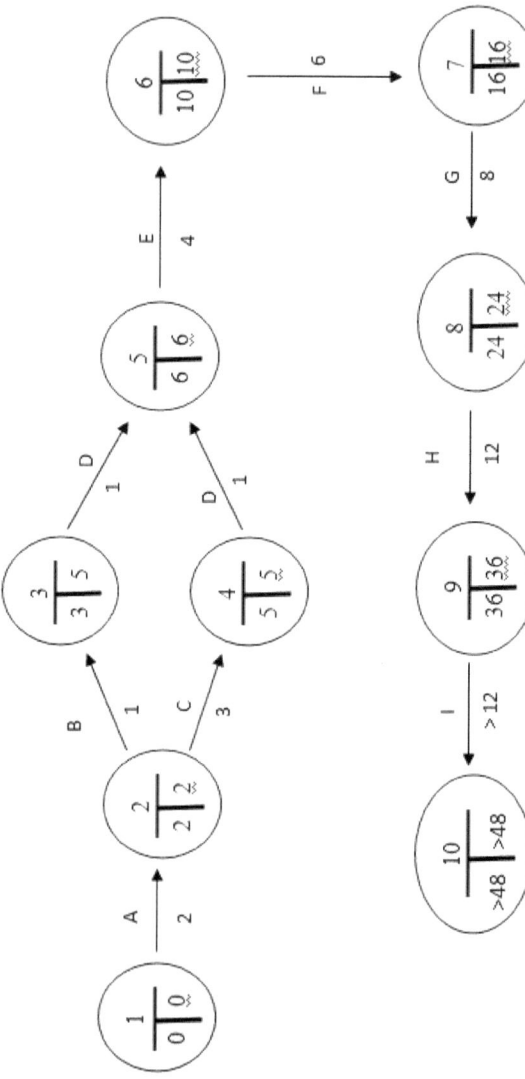

Abbildung 2: Netzplan für den Bau einer Sportanlage

In der ersten Abbildung ist die „Plannet"-Technik angewendet. Dort zeigen die einzelnen Balken den Start, die Länge und das Ende des jeweiligen Vorgangs an. Da jeder bestimmte Vorgang einen Vorgänger sind die Abhängigkeiten mit den Strichen versehen. Das soll deutlich machen, dass erst nach Abschluss eines Vorgangs der nächste beginnen kann. Der Vorgang B und C habe dieselbe Ausgangssituation A. Da diese beiden gleichzeitig durchgeführt werden können, haben sie denselben Start. Allerdings ist der Vorgang B nicht so zeitintensiv wie Vorgang C, sodass eine Pufferzeit integriert wurde, um die Zeit zu überbrücken bis Vorgang C abgeschlossen ist. Danach ist es erst möglich den nächsten zu starten.

In der Netzplantechnik wird nach dem zweiten Monat deutlich, dass zwei Vorgänge gleichzeitig stattfinden. Das sind so genannte Scheinvorgänge, die integriert werden müssen, wenn zwei Vorgänge dieselbe Basis haben. Das bedeutet, dass nach der Markt- und Bedarfsanalyse gleichzeitig die Standortwahl und die Sportverhalten und Nutzenanalyse durchgeführt wird. Dadurch, dass der Vorgang der Standortwahl nur einen Monat in Anspruch nimmt, besteht danach eine Pufferzeit von zwei Monaten, um nach Abschluss des Vorgangs des Sportverhaltens und Nutzenanalyse den nächsten Vorgang angehen zu können. Dies wird gerade bei der „Plannet"-Technik deutlich.

Um auf die Aufgabenstellung zurückzukommen wird in den Abbildungen ersichtlich, dass nach 36 Monaten die Möglichkeit besteht die Sportanlage zu nutzen.

2 Kommunale Sportentwicklung

2.1 Grundformel zur Berechnung des Sportstättenbedarfs

Bevor auf die Grundformel für die Errechnung des Sportstättenbedarfs eingegangen wird, ist es zunächst wichtig auf die grundlegenden Aspekte einzugehen.

Das primäre Ziel der Kommunen im Rahmen der Sportpolitik ist es, allen Menschen das Bedürfnis nach sportlicher Betätigung zu befriedigen. Somit müssen infrastrukturelle Maßnahmen ergriffen werden, um diese Rahmenbedingungen für den Sport zu schaffen. Demnach muss eine Sportentwicklungsplanung, die nicht nur für die Gegenwart, sondern nachhaltig auch auf die Zukunft ausgerichtet ist, klare Leitlinien besitzen. (MBJS, 1996, S 5). Aus dieser grundlegenden Überlegung heraus entstand 2010 ein „Memorandum zur kommunalen Sportentwicklungsplanung". Dies stellt ein Gesamtkonzept für ein methodisch und zielgerichtetes Vorgehen dar, um Rahmenbedingungen für den Sport festzulegen, um Sport und Bewegung in der Bevölkerung als integralen Bestandteil der Stadtentwicklung zu nutzen (Alfermann & Rütten, 2010, S. 8).

Diese Leitlinien für den Bau und Konzeption sind wichtig, da der Sport generell und gerade die Sportanlagen in der Stadtentwicklung sich immer mehr vor Herausforderungen stellt. Zum Einen ist die demographische Entwicklung der Bevölkerung der Grund, warum man langfristig flexibel in der Planung sein muss. Der Rückgang der jüngeren Generation und die zunehmende Anzahl der älteren Personen, welche beide unterschiedlich engagiert Sport betreiben, nimmt maßgeblich auf die Ausrichtung von Sport in der Gesellschaft Einfluss. Darüber hinaus ist zudem eine Erweiterung des Sportartenangebotes zu nennen, der zunehmend die Ausführung von individuellen sportlichen Aktivitäten im Bereich von Ausdauer, Fitness und Gesundheit beeinflusst, zu erkennen. Zudem gibt es eine vermehrte Anzahl an Möglichkeiten, wie der Sport, ob gesundheitsorientiert oder leistungsorientiert, ausgeführt wird. Diese beiden Punkte zeigen, dass Vereine vermehrt Modelle anbieten müssen, um dieser neuen Ausrichtung Gerecht zu werden (Alfermann & Rütten, 2010, S. 5). Die wirtschaftliche Lage der Kommunen sorgte unter anderem durch Verschuldung zu einer restriktiven Haushaltspolitik. Die zur Verfügung stehenden finanziellen Mittel werden überwiegend nur für die Kernsportstätten verwendet, wobei nur ein kleiner Teil für die restlichen Anlagen bereit steht.

Somit sind Vereine gezwungen sind, ihre Sportstätten viel mehr unter betriebswirtschaftlichen Aspekten zu führen, um langfristig diese betreiben zu können. Leider sehen sich viele mit dem Problem konfrontiert, dass Vereine einem Mangel an Fachkräften im Bereich Betriebswirtschaft und sportfachlichen Kompetenzen gegenüber stehen (Alfermann & Rütten, 2010, S. 7f.). Durch die Darstellung der Herausforderungen wird deutlich, dass das Memorandum essentielle Wichtigkeit besitzt.

Um im Bereich der Stadtentwicklungsplanung der Bevölkerung eine Vielfalt als Sportangeboten und –stätten zu bieten, bedarf es bei der Planung zunächst einer Bestandsanalyse. Diese ermittelt die aktuelle Organisationsstruktur und das Sportverhalten der Bevölkerung (Rütten, Krause & Schröder, 2003, S. 43). Dies stellt die Basis dar. Im zweiten Schritt erfolgt dann eine Bedarfsbestimmung. Dabei wird eine Ist-Soll-Analyse der Nachfrage von Sportangeboten durchgeführt. Für diese Ermittlung bestehen drei Ansätze (Rütten et al., 2010, S. 23).

Der richtwertbezogene Ansatz richtet sich nach Schätzungen von Experten und beruht nicht auf empirischen Daten. Dadurch, dass die Bedarfsgröße nur auf Richtwerten basiert, ist dieser Ansatz veraltet (Rütten et al., 2010, S. 23). Der zweite Ansatz ist der verhaltensorientierte Ansatz, der eine empirische Untersuchung als Basis nimmt und aufbauend auf den Ergebnissen eine Formel zur Berechnung des Sportstättenbedarfs integriert (Rütten et al., 2010, S. 24). Der letzte Ansatz ist die kooperative Bedarfsbestimmung. Wie der Name schon vermuten lässt, setzen sich die unterschiedlichen Interessensgruppen zusammen, um über den Sportanlagenbedarf zu diskutieren. Dabei stellen die späteren Nutzer der Anlage die politischen Entscheidungsträger und Experten die relevanten Interessensgruppen dar (Rütten et al., 2010, S. 25).

Im Rahmen der Aufgabenstellung wird auf den zweiten, den verhaltensorientierten, Ansatz eingegangen. Nachfolgend ist die Formel zur Berechnung des Sportstättenbedarfs abgebildet.

$$\text{Sportstättenbedarf} = \frac{Sportbedarf\ (Sportler \times H\ddot{a}ufigkeit \times Dauer) \times Zuordnungsfaktor}{Belegungsdichte \times Nutzungsdauer \times Auslastungsfaktor}$$

Des Weiteren werden einzelnen Parameter kurz erläutert.

Der **Sportbedarf** setzt sich aus den Sportlern, der Häufigkeit und der Dauer zusammen.

Als **Sportler** werden alle Personen in der Bevölkerung gezählt, die die Sportanlage zur sportlichen Aktivität nutzen wollen.

Die **Häufigkeit** sagt aus, wie hoch die Anzahl der Sportausübung in der Woche ist, bzw. wie oft der Sportler seine Sportart ausführen möchte. Die **Dauer** gibt den durchschnittlich, zeitlichen Umfang an, den der Sportler für seine Sportart nutzen möchte.

Der Anteil der einzelnen Sportarten, die in einer Sportanlage ausgeführt wird, wird als **Zuordnungsfaktor** bezeichnet. Dieser liegt zwischen 0 und 1. In der Aufgabenstellung liegt er als Beispiel bei 0,5.

Die **Belegungsdichte** beschreibt die Anzahl der Sportler in einer bestimmten Sportart, die gleichzeitig eine Anlage benutzen können.

Die **Nutzungsdauer** sagt aus, wie lange die Sporthalle für sportliche Aktivitäten benutzt werden kann. Der Zeitumfang wird in Stunden pro Woche angegeben.

Die letzte wichtige Kennzahl ist der **Auslastungsfaktor**, der den Grad der zu erreichenden Auslastung einer Sportanlage kennzeichnet. Er setzt die tatsächliche Auslastung mit der maximal möglichen Auslastung ins Verhältnis (Rütten, Krause & Schröder, 2003, S. 42f.).

2.2 Berechnung des Sportstättenbedarfs

Ausgehend auf die vorher beschriebene Grundformel soll nun der Sportbedarf und der Auslastungsfaktor der Stadt Mannheim berechnet werden. Zur Übersicht ist die Tabelle mit den Kennzahlen aus der Aufgabenstellung übernommen worden.

Tabelle 2: Kennzahlen zur Berechnung des Sportstättenbedarfs

Sport-ler	Häufig-keit (je Woche)	Dauer (Std./Einheit	Zuord-nungsfak-tor	Sportstät-tenbedarf	Belegungs-dichte	Nutzungsdau-er (Std./Woche)
26.000	1,6	1,7	0,5	80	25	30

Die Grundformel errechnet den Sportstättenbedarf.

$$Sportstättenbedarf = \frac{Sportbedarf\ (Sportler\ x\ Häufigkeit\ x\ Dauer)x\ Zuordnungsfaktor}{Belegungsdichte\ x\ Nutzungsdauer\ x\ Auslasungsfaktor}$$

Wenn man nun die Zahlen aus der Aufgabe einsetzt ergibt das folgende Gleichung:

$$80 = \frac{(26.000 \ x \ 1{,}6 \ x \ 1{,}7) x \ 0{,}5}{25 \ x \ 30 \ x \ Auslastungfaktor}$$

Nun muss die Formel so umgestellt werden, sodass es möglich ist, den Sportbedarf und den Auslastungsfaktor zu errechnen. Diese beiden neuen Formeln sind nachfolgend dargestellt. Da der Sportbedarf schon bekannt ist, indem dieser sich aus der Summe der Sportler, der Häufigkeit und der Dauer zusammensetzt. Somit ist der Sportbedarf 70.720.

$$Sportbedarf = \frac{Sportstättenbedarf \ x \ Belegungsdichte \ x \ Nutzungsdauer \ x \ Auslastungsfaktor}{Zuordnungsfaktor}$$

$$70.720 = \frac{80 \ x \ 25 \ x \ 30 \ x \ Aulastungfaktor}{0{,}5}$$

Durch das Umstellen der Gleichung nach dem Auslastungsfaktor ist es nun möglich diesen zu errechnen:

$$Auslastungsfaktor = \frac{(Sportler \ x \ Häufigkeit \ x \ Dauer) \ x \ Zuordnungsfaktor}{Sportstättenbedarf \ x \ Belegungsdichte \ x \ Nutzungsdauer}$$

$$Auslastungsfaktor = \frac{(26.000 \ x \ 1{,}7 \ x \ 1{,}6) \ x \ 0{,}5}{80 \ x \ 25 \ x \ 30}$$

$$Auslastungsfaktor = \underline{0{,}59}$$

Der Auslastungsfaktor liegt bei 0,59 bzw. bei 59 %.

2.3 Förderinteresse

Im nachfolgenden Absatz sollen die drei Förderinteressenten thematisiert und erläutert werden. Förderinteressenten sind Anspruchsgruppen, die ein Interesse an dem Bau oder der Modernisierung einer Sportanlage haben und diese dann letztendlich mit finanziellen Mitteln zu fördern. Dieser Interessent ist letztendlich auch derjenige, der von der Umsetzung des Baus auch unmittelbar profitiert.

Zum Einen ist der Bund ein wichtiger Förderinteressent, da der Spitzensport gefördert werden muss, um das Image von Deutschland durch herausragende Leistungen bei sportlichen Wettkämpfen zu verbessern. Jedoch erfolgt diese Förderung nicht ohne weiteres. Die einzige Sportstätte, die durch die Bundesregierung mit finanziellen Mitteln gefördert wird, ist das Bundesleistungszentrum Kienbaum. Alle anderen Maßnahmen erfolgen nach dem so genannten „Subsidiaritätsprinzip". Das bedeutet, dass alle Maßnahmen unternommen werden müssen, um von privaten Investoren, Kommunen und Ländern gefördert zu werden. Scheitern alle diese Versuche tritt der Bund als letzte Möglichkeit ein, um die Finanzierung ergänzend zu unterstützen. Nicht nur für den Neubau, sondern auch für die Sanierung können Zuschüssen nach dem Subsidiaritätsprinzip beantragt werden. Allerdings werden Instandsetzungsmaßnahmen nicht bezuschusst. Die Bundesregierung verfolgt mit diesen Maßnahmen natürlich die Förderung des Spitzensportes hinsichtlich der Umsetzung neuer Baumaßnahmen und der damit verbunden Ausübung vom Spitzensport. Somit soll Deutschland weiterhin ein hohes Ansehen im Bereich der Leistungen in internationalen Wettkämpfen genießen (Schlaffke & Plünnecke, 2015, S. 44f.).

Neben der Bundesregierung haben auch die Bundesländer bzw. die Kommunen ein gewisses Interesse am Spitzensport und auch am Breitensport. Da die Bundesleistungszentren in bestimmten Bundesländern liegen, verfolgen die Kommunen die Ziele diese Sportstätten so weit es geht zu fördern, um diese so gut es geht auszustatten. Mit einer optimalen Ausstattung, können Sportler besser trainieren und erbringen dadurch bessere Leistung. Durch eine bessere Leistung, steigt das Ansehen dieses Standortes und es besteht letztendlich die Möglichkeit mehr Fördergelder durch den Bund zu erhalten. Weiterhin wird auch der Breitensport gefördert. Darunter versteht man den Freizeitsport, den Schulsport und den Behindertensport. Dieser Aufgabe widmen sich die Kommunen und Länder, da die Förderung des Breitensports als einen wichtigen Aspekt der Gesellschaft angesehen wird.

Denn Sport trägt zu der Entwicklung der sozialen Kompetenz, Bewegung und dadurch auch zur Gesundheit bei. Gerade Kinder und Jugendliche verbessern durch die gemeinschaftlichen sportlichen Aktivitäten die Verständigung untereinander. Somit verfolgen die Kommunen das Ziel der Verbesserung und Erhaltung kommunaler Sportstätten und der damit verbundenen gesamtgesellschaftlichen Aufgabe im Bereich des Breitensports (Schlaffke & Plünnecke, 2015, S. 47).

Als letzten wichtigen Förderinteressent sind die privaten Investoren zu nennen. Allerdings kommen auf Grund von hohen Investitionskosten und geringe Wahrscheinlichkeit hinsichtlich der Refinanzierung nicht immer nur private Investoren in Frage. Daher ist es auf kommunaler Ebene häufig anzutreffen, dass öffentliche Organisationen mit privaten Investoren eine Partnerschaft zusammen eingehen, um langfristige Projekte effizienter zu gestalten. Diese Zusammenarbeit nennen sich „Public Private Partnership". Bei kommunalen Sportstätten können bei historischen und wertvollen Gebäuden private Investoren zur Unterstützung der Sanierung vorkommen. Hierbei verfolgen private Investoren die Verbesserung des Images. Im Hinblick auf kommerzielle Sportstätten verfolgen die privaten Investoren gewerbliche Ziele. Es steht die Gewinnmaximierung und die gewerbliche Nutzung im Fokus (Schlaffke & Plünnecke, 2015, S. 50).

3 Betrieb von Sportanlagen

3.1 Betreibermodelle

Betreibermodelle setzen sich grundlegend mit der Frage auseinander wer die Sportanlage bewirtschaftet. Somit wird unter diesem Begriff alle Formen der Bewirtschaftung einer Sportanlage verstanden (Kähler, 2011, S. 130). Hierbei werden drei unterschiedliche Modelle unterschieden, die sich durch das Verhältnis von Eigentümer zu Betreiber und den Investitions- und Folgekosten differenzieren (Bach, 2007, S. 7).

Zum Einen besteht die Möglichkeit, dass öffentlich rechtlichen Institutionen, wie zum Beispiel die Kommunen die Anlage selbst betreiben. Auf der anderen Seite können rein private Betreiber mit dem Hintergrund einer Gewinnmaximierung eine Sportanlage bewirtschaften. Das letzte Modell ist eine Zwischenform der beiden vorher dargestellten Möglichkeiten. Dabei bilden öffentlich rechtliche Institutionen und private Betreiber eine Kooperation, um gemeinsam das Management für die Sportanlage zu übernehmen. Dieses Modell wird besonders bei der Sporthalle Halstenbek im Kreis Pinneberg deutlich, worauf sich die nächsten Ausführungen konzentrieren.

Das Betreibermodell dieser 3-Feld-Sportanlage wird als „Public-Private-Partnership (PPP)" bezeichnet. Unter einer öffentlich-privaten Partnerschaft versteht man eine Form der Zusammenarbeit zwischen Einheiten aus öffentlichen Körperschaften und Privatorganisationen (Proeller, 2015). Bei dieser Form der Kooperation gibt es mehrere Modelle. Hinsichtlich der Aufgabenstellung soll kurz auf eines dieser Modelle, insbesondere das „Betriebsüberlassungsmodell" eingegangen werden. Dieses Modell wird dadurch charakterisiert, dass die öffentliche Hand die Sportanlage für einen längeren Zeitraum an ein Privatunternehmen verpachtet (Schlaffke & Plünnecke, 2015, S. 67). Durch die nachfolgende Erläuterung der organisatorischen Strukturen der Sportanlage wird deutlich, dass es sich um ein Betriebsüberlassungsmodell handelt.

Im Allgemeinen stellt eine Arbeitsteilung das Ziel dieser Partnerschaft dar. Der private Partner übernimmt von der Planung über Realisierung des Baus und den Betrieb die ganze Projektentwicklung. Der öffentliche Partner übernimmt dabei die Verantwortung, dass gemeinwohlorientierte Ziele verfolgt werden, wie zum Beispiel das zur Verfügung stellen einer Sportanlage für eine Schule.

Überträgt man diese Theorie auf die Sporthalle Halstenbek wird deutlich, dass die „GOLDBECK Public Partner GmbH", wie es auch in der Beschreibung des Auftrages deutlich wird, die Planung, den Bau, die Finanzierung sowie das Gebäudemanagement übernimmt und dafür verantwortlich ist. Ebenfalls macht dieser Punkt die Anwendung eines Betriebsüberlassungsmodells deutlich. Laut Kähler (2001, S. 134) bleibt der Eigentümer die Kommune. Jedoch gibt dieser die administrativen Aufgaben an den Pächter ab und überträgt ihm das Risiko. Der öffentliche Betreiber stellt die Gemeinde Halstenbek dar, die den Auftrag gegeben hat, um ein gemeinwohlorientiertes Ziel zu verfolgen. Die multifunktionale Sportanlage soll für die Realschule und für andere Sportvereine aus der Gemeinde zur Verfügung stehen. Charakteristisch für die Definition eines Betriebsüberlassungsmodells ist die Abhängigkeit des Pächters von der Gemeinde. Durch Vorgaben, dass die Halle für das Gemeinwohl zur Verfügung steht, bestehen für den Pächter Regeln und Einschränkungen, wodurch ein unternehmerisches, gewinnorientiertes Handeln reduziert wird. Dies ist ebenfalls ein prägnanter Aspekt für das Modell (Schlaffke & Plünnecke, 2015, S. 67). Für das Vorhaben haben die beiden Parteien einen Vertrag über 25 Jahre abgeschlossen. In diesem Pachtvertrag ist die Gemeinde verpflichtet Raten in einer bestimmten Höhe an die „GOLDBECK Public Partner GmbH" zurückzuzahlen. Die entsprechenden Kosten der Gesamtinvestition sind in diesem Vertrag integriert. Im Bezug auf diese Raten erklärt die Gemeinde Halsten eine Einrede- und Einwendungsverzicht gegenüber der Deutschen Genossenschaftshypothekenbank. Im Rahmen eines Forderungskaufvertrags kauft dieser die einredefreien Forderungen von der „GOLDBECK Public Partner GmbH an und zahlt den Barwert der Forderung aus.

Die nachfolgende Grafik soll eine Übersicht über die Struktur des „Private Public Partnership" geben.

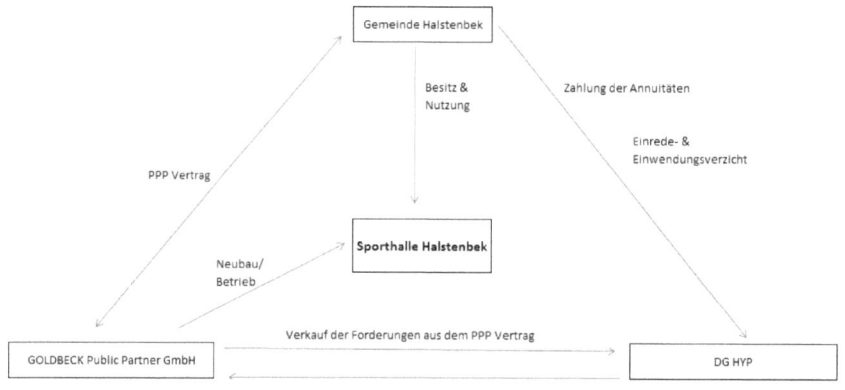

Abbildung 3: Betreibermodell „PPP" der Sporthalle Halstenbek

3.2 Auslastungsanalyse einer Sportanlage

Im Bereich des Sportanlagenmanagements ist es wichtig die Auslastung der Anlage durch Belegungspläne so optimal wie möglich zu gestalten. Dadurch können Kosten, die als Beispiel durch Instandhaltung und Reparatur anfallen besser mit den Einnahmen gedeckt werden. Weiterhin kann dadurch ein sozial fairer Betrieb gewährleistet werden, indem man unter anderem auch einer Über- oder Unterdeckung entgegenwirkt. Somit ist Chance höher langfristig die Sportanlage zu betreiben, sie der Öffentlichkeit zur Verfügung zu stellen und den Drang nach Sport und Bewegung in der Gesellschaft gerecht zu werden (Schlaffke & Plünnecke, 2015, S. 74f.). Grundlegend wird bei der Analyse der Auslastung der Umfang der gegebenen Nutzung mit der maximal möglichen Nutzung verglichen. Um die Belegung nach Auslastung zu analysieren werden vier Kennzahlen berücksichtigt. Zum Einen wird die Nutzungsdauer betrachtet. Dabei werden die tatsächlich genutzten Zeiträume in Stunden pro Woche mit den Zeiten, die möglich sind verglichen. Es erfolgt demnach ein Ist-Soll-Vergleich. Auf der Anderen Seite konzentriert man sich bei der Analyse auf die Belegungsdichte. Dabei wird die Anzahl der Sportler, die gleichzeitig in einem bestimmten Zeitraum die Anlage nutzen, ermittelt. Der Ist-Zustand erneut mit dem Soll-Zustand, also mit der möglichen Anzahl der Sportler verglichen (Schlaffke & Plünnecke, 2015, S. 78f.).

Sofern der Ist-Zustand und der Soll-Zustand in Kombination mit der Ist-Soll-Belegungsdichte zu 100% gleicht, ist die Auslastung maximal bzw. optimal. Alle anderen Werte sorgen für eine Über- oder Unterdeckung und haben eine Optimierung zur Folge.

Nachfolgend ist die Tabelle zur Übersicht abgebildet, die als Basis für die Analyse dient und welcher daraufhin optimiert wird.

Tabelle 2: Belegungsplan der Sportanalage

Belegungszeitraum	Belegung			
			Belegungsdichte (Spo/A)	
	Stunden	Sportart	Ist-Belegungsdichte	Soll-Belegungsdichte
Montag 17:00-18:30	1,5	Handball	15	10
Dienstag 20-21:30	1,5	Keine Belegung	-	15
Mittwoch 19:00-21:30	2,5	Basketball	15	20
Donnerstag 20:00-22:00	2	Fußball	16	15
Freitag 19:00-20:00	1	Badminton	5	15
Maximale Nutzungskapazität 82%				

Als Erstes erfolgt die Berechnung der **Ist-Nutzungsdauer**. Hierfür werden alle Tage in der Woche, die mit Sportlern belegt sind, addiert.

1,5 + 2,5 + 2 + 1+ = **7**

Anschließend wird die **Soll-Nutzungsdauer** berechnet. Dabei werden alle Stunden in der Woche addiert, wo die Möglichkeit fürs Training besteht

1,5 + 1,5 + 2,5 + 2 + 1 = **8,5**

Zur Berechnung der **Ist-Belegungsdichte** wird die Anzahl aller trainierenden Sportler, die in der Woche die Sportanlage nutzen, addiert.

15 + 15 + 16 + 5 = **51**

Für die **Soll-Belegungsdichte** werden alle Sportler zusammengerechnet, die maximal an den jeweiligen Tagen trainieren und die Anlage nutzen können.

10 + 15 + 20 + 15 + 15 = **75**

Damit im weiteren Verlauf die Auslastung zu berechnen, müssen zuvor zwei weitere Kennzahlen berechnet werden. Zum Einen ist es die Ist-Sportlerstunden insgesamt und zum Anderen die Soll-Sportlerstunden insgesamt pro Woche. Hierfür werden in beiden Fällen die Sportler mit dem jeweiligen Belegungszeitraum multipliziert.

Für die insgesamten Ist-Sportlerstunden sieht die Rechnung wie folgt aus:

$(1,5 \times 15) + (2,5 \times 15) + (2 \times 16) + (1 \times 5) =$ **97**

Als zweiten Schritt erfolgt die Berechnung für die insgesamten Soll-Sportlerstunden

$(1,5 \times 10) + (1,5 \times 15) + (2,5 \times 20) + (2 \times 15) + (1 \times 15) =$ **132,5**

Um im letzten Schritt die Auslastung in Prozent zu errechnen wird wie folgt gerechnet:

$$\frac{Ist - Sportlerstunden\ pro\ Woche \times 100}{Soll\ Sportlerstunden\ pro\ Woche}$$

$$= \frac{97 \times 100}{132,5} = \textbf{73,21 \%}$$

Als letzte Kennzahl soll noch die Kapazitätsreserve errechnet werden. Hierfür wird die errechnete Auslastung von der vorgegebenen maximalen Auslastung subtrahiert.

82 % - 73,21 % = **9,79 %**

3.3 Auslastungsoptimierung

Im nachfolgenden Absatz soll nun durch eine Umverteilung der einzelnen Sportgruppen die Auslastungsdichte optimiert werden.

Durch die Anfangs gezeigten Zeiten lässt sich grundlegend feststellen, dass am Montag und am Donnerstag mehr Sportler die Anlage nutzen, als die Soll-Anzahl es eigentlich vorgibt. Diesen Punkt gilt es auf jeden Fall in der Optimierung zu berücksichtigen. Weiterhin lässt sich am Freitag feststellen, dass dieser zwar 15 Sportler unterbringen kann, jedoch von der Länge der Trainingszeit die kürzeste in der Woche ist.

Somit soll zur Auslastungsoptimierung folgende Konstellation realisiert werden.

Der Montag soll von den 5 Sportlern im Bereich Badminton genutzt werden. Diese Gruppe ist die kleinste Gruppe, während dies auch der Tag mit der geringsten Soll-Anzahl von 10 Sportlern liegt. Somit ist dieser Tag optimierter ausgelastet als vorher. Der Dienstag soll als nächstes von den Basketballern belegt werden. Diese Gruppe bildet mit 15 Spielern eine optimale Gruppe, um die Auslastung von 15 Soll-Sportlern zu belegen. Somit liegt die Auslastung an dem Tag bei 100%. Die größte Gruppe mit 16 Personen ist die Fußballgruppe. Da an dem Mittwoch bis zu 20 Personen die Sportanlage nutzen kann, soll zukünftig Fußball am Mittwoch stattfinden. Die vierte und letzte Gruppe sind die Handballer, die den Donnerstag zur Trainingszeit nutzen sollen. Die Sportanlage bietet 15 Personen die Möglichkeit diese zu nutzen. Da die Gruppe der Handballern aus 15 Spielern besteht, kann demnach eine 100%-ige Auslastung realisiert werden. Letztendlich ist noch festzustellen, dass der Freitag keine Belegung aufweist, da dieser Tag mit nur einer Stunde die Möglichkeit bietet, diese Halle zu nutzen. Deswegen lag der Fokus in der Umverteilung der Sportgruppen auf die Zeiten, in der man die Halle am längsten nutzen kann.

Zur verbesserten Übersicht der neuen Belegungszeiten soll nachfolgend die Tabelle dies veranschaulichen.

Tabelle 3: Belegungsplan der Sportanalage nach Optimierung

Belegungszeitraum	Belegung			
			Belegungsdichte (Spo/A)	
	Stunden	Sportart	Ist-Belegungsdichte	Soll-Belegungsdichte
Montag 17:00-18:30	1,5	Badminton	5	10
Dienstag 20-21:30	1,5	Basketball	15	15
Mittwoch 19:00-21:30	2,5	Fußball	16	20
Donnerstag 20:00-22:00	2	Handball	15	15
Freitag 19:00-20:00	1	Keine Belegung	-	15
Maximale Nutzungskapazität 82%				

Durch die veränderte Belegung der Sportanlage ergibt sich demnach auch eine andere Auslastung. Diese soll nachfolgend für den neuen Belegungsplan errechnet werden.

Ist-Sportlerstunden insgesamt:

$(1,5 \times 5) + (1,5 \times 15) + (2,5 \times 16) + (2 \times 15) = \underline{\mathbf{100}}$

Soll-Sportlerstunden insgesamt
$(1,5 \times 10) + (1,5 \times 15) + (2,5 \times 20) + (2 \times 15) + (1 \times 15) = \underline{\mathbf{132,5}}$

Abschließend soll die neue Auslastung anhand der bekannten Formel errechnet werden:

$$\frac{Ist - Sportlerstunden \ pro \ Woche \ x \ 100}{Soll \ Sportlerstunden \ pro \ Woche}$$

$$= \frac{100 \ x \ 100}{132,5} = \underline{\mathbf{75,47 \ \%}}$$

Durch die Veränderung des Belegungsplans konnte die Auslastung um 2,26 % auf 75,47%. Somit beträgt die Kapazitätsreserve zur maximalen Auslastung nur noch 6,53 %. Dieses Beispiel zeigt sehr deutlich, dass die Betreiber der Sportanlagen ganz genau die Belegungszeiten von Sportlern planen müssen, um eine optimale Auslastung zu gewährleisten. Dadurch besteht die Chance höhere Einnahmen zu generieren und langfristig die Kosten dadurch zu senken, um die Anlage solange wie möglich dem Gemeinwohl zur Verfügung zu stellen. Die Einnahmen, die dadurch entstehen, können dafür eingesetzt werden, um einerseits neue Geräte oder bessere Ausrüstung zu kaufen, welches den Sportlern wiederum zu Gute kommt und andererseits die Anlage instandzuhalten. Durch die neue Belegungsverteilung ergibt sich der Umstand, dass der Freitag nicht belegt ist. Der Betreiber hat nun die Möglichkeit mit verschiedenen Nutzergruppen in Kontakt zu vertreten, um diesen zu belegen. Als Beispiel können Volkshochschulen, Krankenkassen oder andere Vereine sein. Sofern dieser Zeitraum belegt werden kann, befindet sich die Sportanalage fast an der maximalen Auslastung, wodurch diese dann optimal genutzt werden kann.

3.4 Nachhaltigkeit von Sportstätten

Im Oktober 2007 haben der DOSB und das Bundesumweltministerium einen Leitfaden gemeinsam herausgegeben, der allen Sportveranstaltern, Sportverbänden und Sponsoren Hinweise zu allen relevanten Umweltfragen liefert. Im Nachfolgenden Absatz werden die ökologischen Auswirkungen und deren Möglichkeit zur Reduzierung thematisiert.

Gerade im Bereich des Klimaschutzes und der Emission von Treibhausgasen sind deutliche ökologische Auswirkungen zu nennen. Es sind nicht unbedingt die Durchführung der sportlichen Veranstaltung selbst, die so hohe Treibhausgase entstehen lassen, sondern auch die Events, die neben der Sportveranstaltung stattfinden. (BMU & DOSB, 2007, S. 14). Großveranstaltungen haben sich in den letzten Jahren immer mehr zu Events mit Spielen, Aktionen und Bühnen entwickelt. Die Austragung ist längst nicht mehr zu eine Veranstaltung zum reinen Schauplatz für sportliche Wettkämpfe (BMU & DOSB, 2007, S. 11). Der intensivste Faktor für den Ausstoß an Treibhausgasen ist mit ca. 95% die An-und Abreise von Sportlern und Besuchern.

Der Rest verteilt sich auf die Erzeugung der Energie und den baulichen Maßnahmen, die erforderlich sind. Es ist unvermeidlich, dass eine Sportveranstaltung ohne den Ausstoß von Treibhausgasen stattfinden kann. Doch durch emissionsreduzierende Maßnahmen und Projekte in Schwellenländern oder Ländern der Dritten Welt lassen sich die ökologische Auswirkungen kompensieren (BMU & DOSB, 2007, S. 14).

Wie im letzten Absatz schon erwähnt wurde, hat der Verkehr eine immense Auswirkung auf die Umwelt. Neben der immensen Emission durch die An- und Abreise, gilt es auch die Luftschadstoffe, den Lärm und die zugeparkten Straßen zu berücksichtigen. Mit aktiven Werbemaßnahmen die Sportler dazu aufzufordern auf die öffentlichen Verkehrsmittel umsteigen, kann man schon deutliche Verbesserung der Auswirkung erzielen. Das Angebot das Sportler- oder Besucherticket mit einer Fahrkarte für Busse und Bahnen zu kombinieren hat sich in der Praxis am meisten bewährt. Der Veranstalter muss allerdings berücksichtigen, ob diese Möglichkeit für die Veranstaltung sinnvoll ist und ob ausreichende öffentliche Verkehrsmittel dafür zur Verfügung stehen (BMU & DOSB, 2007, S. 15).

Bei jeder Veranstaltung wird Energie benötigt. Je nachdem um welche Art es sich bei der Sportveranstaltung handelt wie zum Beispiel im Stadion oder Outdoor-Veranstaltung, wird unterschiedlich viel Energie benötigt. Der Fokus liegt darauf, dass Strom und Wärme so energieeffizient wie möglich erzeugt werden sollen. Laut Erfahrungen hat sich gezeigt, dass es viele Möglichkeiten gibt Einsparpotentiale zu realisieren. Hierbei muss aber ausreichend Vorlaufzeit eingeplant werden, um diese in die Planung der Großveranstaltung zu integrieren. Es besteht die Möglichkeit Energie z.B. aus Solaranlagen oder Wärme aus Biogas zu gewinnen (BMU & DOSB, 2007, S. 16).

Ein unschöner Anblick, der sich nach einer sportlichen Großveranstaltung nicht vermeiden lässt, ist massive Produktion von Müll. Vermüllte Straßen und Plätze durch weggeworfene Essensreste oder Werbeartikel prägen das Bild nach diesen Veranstaltungen. Weiterhin muss der Müll auch aus der Bewirtung und der Organisation in die Maßnahmen zur Reduzierung einbezogen werden. Durch dieses erhebliche Aufkommen entstehen weitere Kosten für die Beseitigung, die es ebenfalls für die Veranstalter zu planen gilt. Der Veranstalter hat die Möglichkeit viele Maßnahmen wie zum Beispiel ausreichende Mülleimer, Mülltrennung und Mehrwegbecher bereitzustellen, um das Problem von vornherein gar nicht erst soweit kommen zu lassen (BMU & DOSB, 2007, S. 16). Außerdem muss aber berücksichtigt werden, dass die Sportler und Besucher den größten Teil dazu beitragen können, die Problematik nicht allzu groß werden zu lassen.

Der Veranstalter kann zwar viele Maßnahmen planen, wenn allerdings die Besucher diese nicht in Anspruch nehmen, wird es nicht ändern. Daraus lässt sich ableiten, dass der Veranstalter auch auf die Sportler und Besucher zugehen mit geeigneten Ansprachen aktivieren muss, um sie für diese ökologische Auswirkung zu sensibilisieren, sodass jeder einen Teil dazu beiträgt (BMU & DOSB, 2007, S. 17).

Ebenso im Bereich der Baumaterialien gilt es so wenig Abfall wie möglich zu produzieren. Beim Aufbau von Großveranstaltungen oder beim Bau von Sportstätten werden unzählige Baumaterialien für Sportler, Zuschauer und Medieneinrichtung benötigt und diese teilweise wieder abgebaut. Daher ist es von besonderer Bedeutung, dass diese gebrauchten Materialien wieder verwendbar sind, um die Menge an Abfall so gering wie möglich zu halten. Können sie wieder verwendet werden, reduziert es weitere ökologische Auswirkungen. Demnach sollten diese Stoffe langlebig und reparaturfreundlich sein, sowie bei einer Entsorgung recycelbar sein. Dies erreicht man am besten mit Materialien, die aus nachwachsenden Rohstoffen hergestellt wurden.

Eines der kostbarsten und für den Sport unverzichtbaren Ressource ist Wasser. Wasser wird bei sportlichen Veranstaltungen nicht nur als Trinkwasser und für die Sanitäranlagen benötigt, sondern auch für die Bewässerung von Sportanlagen und die Herstellung von z.B. Eisflächen im Wintersport. Daher ist es im Bereich der Reduzierung der ökologischen Auswirkungen ein fachgerechtes Wassermanagement von besonderer Bedeutung. Der Schutz vor Verschmutzung der Gewässer und Grundwasser, sowie die Nutzung von Regenwasser stehen hier im Vordergrund. Durch Modernisierung der Sanitäranlagen und der Verwendung von Regen- oder Brunnenwasser anstatt der Nutzung von Trinkwasser kann zur Reduzierung der ökologischen Belastung führen (BMU & DOSB, 2007, S. 17).

Die Austragung von sportlichen Veranstaltungen, welche nicht gerade in der Innenstadt, sondern vermehrt in der Landschaft durchgeführt werden, sorgen für weitreichende Auswirkungen für die Natur. Um die Ausrichtung dieser Events zu gewährleisten bedarf es viel Platz und Fläche für die Zuschauer als auch für die Sportler. Dadurch kommt es zu intensiven Eingriffen in die Natur und Landschaft, die es so weit es geht zu vermeiden gilt. Störungen der Lebensräume von Tieren, Schäden an Böden und Vegetation und Eingriffe in den Wasserhaushalt sind nur einige dieser Auswirkungen. Der Gesetzgeber hat zwar einige Gesetze umgesetzt, um diese Beeinträchtigung gering zu halten (BMU & DOSB, 2007, S. 18), jedoch müssen auch die Sportler und Zuschauer für diese

Problematik und Auswirkungen sensibilisiert werden, damit sie ebenfalls einen Teil dazu beitragen können.

Da Sport im Allgemeinen sehr stark mit Emotionen verbunden ist, kommt es demnach bei der Austragung von sportlichen Events zu einer stimmungsvollen Atmosphäre hinsichtlich Fangesänge und Musik. Dies erzeugt Lärm, welche für die Einen zum Wettkampf dazu gehört, zum Anderen allerdings für Anwohner störend ist. Nicht nur, dass die Anwohner durch die Austragung und An- und Abreise in ihrer Lebensqualität eingeschränkt werden, kann es durch diesen Lärm auch Auswirkungen für die Natur z.B. für Tiere kommen. Da der Lärm stets subjektiv wahrgenommen wird, besteht häufig ein Konflikt, welche Lautstärke noch im Rahmen des zumutbaren ist (BMU & DOSB, 2007, S. 18). Eine Möglichkeit zur Reduzierung von Lärm und deren Auswirkungen wäre das Aufstellen von Lärmschutzwänden gerade im Bereich des Austragungsortes und an stark frequentierten Punkten, wo die Besucher zur Veranstaltung anreisen.

Bei solchen großen Sportveranstaltungen muss auch das Catering gewährleistet sein, um die Besucher mit Essen zu versorgen. Die Qualität, Herkunft und Produktionsweise der verwendeten Produkte sind ganz wichtig. Optimalerweise sollten die Lebensmittel sinnvoll und ausgewogen, um eine gesunde Ernährungsform zu gewährleisten. Um die ökologischen Auswirkungen weitestgehend zu reduzieren, muss sichergestellt werden, dass die Herstellung der Produkte die Natur und Umwelt so wenig wie möglich beeinträchtigen. Von Anbau, Viehzucht bis hin zur Weiterverarbeitung und Transport sollten des so umweltfreundlich wie möglich passieren. Damit zur Nachhaltigkeit beigetragen werden kann, sollte der Veranstalter darauf achten, „Fair Trade" Produkte zu beziehen. Diese sind zwar in der Anschaffung etwas kostenintensiver, sorgen allerdings für einen erheblich positiven Beitrag zur Nachhaltigkeit (BMU & DOSB, 2007, S. 19).

Der letzte Punkt der erstellten Leitfäden bezieht sich auf das Merchandising. Bei sportlichen Großveranstaltungen tragen eine breite Auswahl an unterschiedlichen Fanartikeln in allen Farben und Formen zu einer ausgelassenen und stimmungsvollen Atmosphäre. Bei der Herstellung von diversen T-Shirts und Spielzeug müssen die Auswirkungen ebenfalls berücksichtigt werden. Um diese überwiegend zu reduzieren sollten die Veranstalter darauf achten, dass diese nach internationalen Sozialstandards hergestellt wurden ohne dabei Kinder auszubeuten (BMU & DOSB, 2007, S. 19). Sofern dies in die Planung mitberücksichtigt wurde, spielt dieser Punkt auch in der Kommunikation mit den Sportlern und den Zuschauern eine Rolle, um das Image des Veranstalters zu verbessern, indem er sich für eine gerechte Produktion der Artikel entschieden hat. Hinsichtlich der Reduzierung der ökologischen Schäden sollte der Veranstalter immer hinterfragen, woher die Artikel stammen und wie sie hergestellt wurden, um eine faire Herstellung sicherzustellen.

Im Hinblick auf die Erstellung eines Umweltkonzepts für eine sportliche Großveranstaltung gibt es vorgefertigte Leitfäden, die dabei Berücksichtigung finden sollten. Es müssen rechtzeitig Rahmenbedingungen und Ziele, die die Basis konkreter Umweltkonzepte darstellen. Nachfolgend wird auf die erste Phase, die Bewerbungs- und Konzeptionsphase hinsichtlich Bau und Ressourcen, sowie der Verkehr eingegangen und deren Ziele erläutert.

Beim Bau neuer Sportstätten ist die Umsetzung von ökonomischen und ökologischen nicht nur für die geplante Veranstaltung, sondern auch für die nachfolgende Zeit bedeutend. Es müssen entsprechende Maßnahmen mit in die Planung einbezogen werden, welche die Nachnutzung dieser Sportstätten regelt. Damit kann ich die Nachhaltigkeit gewährleistet werden, wenn die Anlagen für die Veranstaltung als auch langfristig sinnvoll genutzt wird. Sofern man bei der Planung zu dem Entschluss kommt, dass einige Anlagen nicht langfristig und nur für das Event benutzt werden können, können temporäre Anlagen erbaut werden. Diese sollten aus Materialien und Ressourcen bestehen, die man im Anschluss abbauen und für andere Projekte wiederverwenden kann. Das sorgt einerseits für eine Kostensenkung und andererseits zur Reduzierung ökologischen Auswirkungen durch den Bau von unnützen Gebäuden und Anlagen, die langfristig nicht genutzt werden können. Somit lässt sich bedeutend feststellen, dass die Nachhaltigkeit beim Bau als das eine Ziel festgehalten werden kann. Zum anderen ist der Einsatz von sinnvollen und wiederverwendbaren Ressourcen beim Bau von temporären Einrichtungen das andere Ziel, wenn diese nachhaltig nicht genutzt werden und langfristig keine Verwendung haben (BMU & DOSB, 2007, S. 30).

Wie im obigen Absatz schon deutlich festgestellt, trägt der Verkehr erheblich zu den ökologischen Auswirkungen bei, wodurch die Umsetzung einer effizienten An- und Abreise und die Reduzierung von unnötigem Verkehr von Bedeutung sind. Demnach sollten im Bereich des Verkehrs drei Ziele verfolgt werden. Zum Einen soll die Planung auf den Ausbau des Umweltverbundes ausgerichtet sein, um die Anreise mit öffentlichen Verkehrsmitteln zu verbessern und den Großteil darauf auszulegen. Somit kann damit das zweite Ziel in Verbindung gebracht werden, dass zum Anderen die Treibhausgase und die Schadstoffemission durch die Umverteilung auf die öffentliche Anreise verringert werden soll. Nicht nur, dass dadurch die ökologischen Auswirkungen verringert werden können, sondern auch die Belästigung für den Anwohner kann dadurch ebenfalls kompensiert werden. Die Lebensqualität gilt es zu schützen. Daher soll als drittes Ziel die Reduzierung der Belastung für die Anwohner durch den Verkehr verfolgt werden (BMU & DOSB, 2007, S. 30).

4 Vermarktung einer Sportanlage

4.1 Vermarktung von Sportanlagen und Sportstätten

Die Grundlage für die weiteren Ausführung und die Vermarktung von Sportanlagen und Sportstätten ist zunächst ein allgemeines Verständnis von Sportmarketing. Denn unter Sportmarketing wird die Anwendung der spezifischen Prinzipien aus dem Marketing auf die Sportprodukte und Sportdienstleistungen verstanden. Im Sportmarketing gibt es zwei Ausrichtungen. Es umfasst sowohl das Marketing von Sportprodukten, auch Marketing von Sport genannt, als auch das Marketing von Produkten oder Dienstleistungen mit Hilfe des Sports. Das wird als Marketing mit Sport bezeichnet (Bühler & Nufer, 2011b, S. 7).

Um nun aus Sicht der Sportanlagenbetreiber eine Sportstätte zu vermarkten existieren zwei Ausrichtungen. Zum Einen kann die Vermarktung im Sinne der Immobilie stattfinden. Dabei bilden Unternehmen die Zielgruppe für diese Ausrichtung. Dabei spielen Maßnahmen wie die multifunktionale Nutzung der Sportanlage, das „Naming Right Sponsoring" und das Hospitality Marketing eine wichtige Rolle (Schlaffke & Plünnecke, 2015, S. 114). Diese drei Punkte werden in Aufgabe 4.2 näher erläutert. Der letzte Punkt auf den nachfolgend noch eingegangen wird, ist die eventorientierte Vermarktung.

Zum Anderen existiert die Vermarktung der sportlichen Leistung als Ansatz. Hierbei sind die Zuschauer die Zielgruppe. Dazu zählen die Maßnahmen im Bereich des „Ticketings", der Digitalisierung und auch in dieser Ausrichtung das „Hospitality-Marketing" (Schlaffke & Plünnecke, 2015, S. 137). Nachfolgend soll in diesem Bereich auch auf das „Ticketing" und die Digitalisierung eingegangen werden.

Zunächst soll der Fokus bei der eventorientierten Vermarktung liegen. Die Grundlage des Eventmarketings beinhaltet zwei Ansätze. Zum Einen existiert aus der Sicht des Sports bzw. des Veranstalters das „Eventmarketing". Auf der Anderen Seite fokussiert sich das „Marketing-Event" aus der Sicht des Unternehmens (Freyer, 2011, S. 549). Für die weiteren Ausführungen soll sich demnach auf das „Eventmarketing" konzentriert werden.

Das Eventmarketing charakterisiert sich als interaktives, erlebnisorientiertes und vor allem emotionales Kommunikationsinstrument, welche durch Inszenierung von Veranstaltungen der Unternehmenskommunikation dient (Nufer & Bühler, 2011a, S. 182). Mit dem Eventmarketing hat der Betreiber der Sportstätte die Möglichkeit viele verschiedene Events zu organisieren, um eine Vielfalt an Zielgruppen zu erreichen und die Auslastung der Anlage zu optimieren. Gerade populäre Events bieten die Möglichkeit die Bekanntheit zu erhöhen und potentielle Zielgruppen anzusprechen. Dabei kann es zu Veranstaltungen kommen, die mehr oder auch weniger mit Sport zu tun haben. Eine wichtige Voraussetzung ist, dass die Sportanlage multifunktional ist, um ein großes Angebot an Möglichkeit zu realisieren (Schlaffke & Plünnecke, 2015, S. 114). Im Hinblick auf die Zielgruppen stellt Drenger (2015, S. 18) drei Ansätze vor. Es können Zielgruppen mit sportnahen Events angesprochen werden, das sich mit kleinen Regeländerungen noch an die grundlegenden Prinzipien hält. Des Weiteren können Kombinationen von Events durchgeführt werden, die bei mehreren Zielgruppen bekannt sind, indem man als Beispiel eine sportnahe mit einer sportfremden Veranstaltung kombiniert. Als letztes besteht noch die Möglichkeit ein Event zu veranstalten, welches den Zielgruppen noch völlig unbekannt ist. Somit existieren Chancen eine hohe Bandbreite an Zielgruppen für die vielfältigen Events zu erreichen und die Bekanntheit zu erhöhen.

Wie vorhin schon erwähnt soll sich ebenfalls auf das Thema „Ticketing" und der Digitalisierung im Sport konzentriert werden, um weitere Vermarktungsmöglichkeiten zu nennen.

Das „Ticketing" bezeichnet alle Maßnahmen, die benötigt werden, um die Zugangsrechte zu einer Sportanlage zu vermarkten. Der Fokus liegt dabei bei den Zuschauern, die sich dafür interessieren an einer Sportveranstaltung oder einem Event direkt teilzunehmen (Bezold, 2008, S. 245). Durch diese Beschreibung wird deutlich, dass noch mehr dazu gehört, als der reine Verkauf von Eintrittskarten. Es müssen schon im Vorfeld Maßnahmen getroffen werden, um die Tickets den entsprechenden Kunden mit einem optimalen Angebot anzupassen. Hierzu bedarf es Überlegungen, welche Art von Karten angeboten wird und wie die unterschiedlichen Karten sich auf die die Preisgestaltung zusammensetzt. Somit kann in diesem Punkt näher erläutert werden, ob es Einzel- und Dauerkarten zu kaufen gibt, und ob man bei bestimmten Veranstaltungen Zusatzleistungen in Anspruch nehmen kann (Schlaffke & Plünnecke, 2015, S. 144f.). Um bei jeder Veranstaltung möglichst alle Karten zu verkaufen, gleichzeitig aber die Zahlungsbereitschaft der Kunden abzuschöpfen, gilt es ein System der Preis-Mengen-Steuerung zu integrieren.

Durch die Regulierung des Preises mittels Angebot und Nachfrage und durch die Angebote von unterschiedlichen Karten in höheren und niedrigen Preiskategorien sollen preissensible und preisunsensible Zuschauer berücksichtigt werden, um die Karten für jeden Sitzplatz zu verkaufen (Schlaffke & Plünnecke, 2015, S. 146f.).

Weiterhin muss geplant werden, wie ein Zuschauer die Karten erwerben kann. Dabei spielen neben der klassischen Form wie dem Erwerb einer Karte an der Stadionkasse, die digitalen Lösungen im Bereich „Mobile" und „Online" Ticketing immer mehr eine größere Rolle. Bei diesen Formen erhält der Zuschauer die Berechtigung die Karte sich online auszudrucken oder dieser erhält einen Barcode auf das Handy, wodurch er diesen nur noch beim Eintritt scannen lassen muss. Durch die Praktikabilität und der Modernisierung erfreut sich diese Form immer größerer Beliebtheit (Schlaffke & Plünnecke, 2015, S. 152). Letztendlich müssen noch die richtigen kommunikationspolitischen Maßnahmen für eine Verkaufsförderung der Karten durchgeführt werden, um eine höhere Auslastung der Veranstaltung zu erreichen.

Durch die immer weiter wachsenden technischen Fortschritte bietet die Digitalisierung ein weiteres Feld der Vermarktung. Zwar sind viele Arenen technisch noch nicht auf dem Level, vieles in dem Bereich anzubieten, jedoch geht der Trend zu immer neuen technologisierten Möglichkeiten der Kommunikation und Interaktion mit dem Zuschauer. Zudem werden die Sportanlagen immer moderner, sodass diese Form der Vermarktung möglich wird. Daher müssen sich die Sportanlagenbetreiber Konzepte überlegen, um diesen Trend zu nutzen (Schlaffke & Plünnecke, 2015, S. 157). Durch die Digitalisierung besteht die Möglichkeit Zuschauer während eines Events einen Mehrwert zu bieten. So sollen Zuschauer nicht nur das Event besuchen, sondern interaktiv durch die technischen Möglichkeiten besser integriert sein, um das Erlebnis und die Emotionalität noch besser zu ermöglichen.

4.2 Bedeutung der Aspekte

In diesem Absatz wird die Bedeutung für die Sportanlagenbetreiber im Bereich des „Naming-Right-Sponsoring", der „Hospitality"-Maßnahmen und der Multifunktionalität herausgestellt und mit Beispielen verknüpft.

Im Fußball ist die Vergabe von Namensrechten gerade im Hinblick auf das Stadion sehr üblich. Das Beispiel vom Fußball Bundesligisten FC Schalke 04 hinsichtlich der Vergabe des Namens vom Stadion an den Bierhersteller „Veltins" macht deutlich, dass der Verein damit mehrere Ziele verfolgt. Das im Jahre 2001 eröffnete Stadion hieß für die ersten drei Jahre „Arena Auf Schalke" bis sich der Verein im Jahre 2004 mit „Veltins" einigte, welcher schon in der Geschichte vom Verein als langjähriger Partner galt. In der Zeit von 1997 bis 2001 sicherte sich dieser die Rechte für das Trikotsponsoring. Zu der Eröffnung des Stadions übertrug der Hersteller seine Marketingaktivitäten auf die Ausschanklizenz des eigens hergestellten Bieres. Somit kann man feststellen, dass das Unternehmen in der Vergangenheit langjährig „Namensgeber ähnliche Rechte" besaß. Somit ist es verdeutlichend zu nennen, dass „Veltins" in der Geschichte schon immer ein wichtiger Geldgeber war. Demnach wurden vom Verein zwei wichtige Ziele verfolgt, als das Naminingright-Sponsoring" mit dem Unternehmen durchgeführt wurde. Zum Einen soll die langfristige Partnerschaft noch intensiviert werden, um die Beziehungen zueinander zu verbessern. Durch die Pflege einer Partnerschaft kann es zu weiteren Vorteilen kommen hinsichtlich neuer Maßnahmen im Bereich Sponsoring oder Förderung. Gerade im Bereich des Sponsorings werden oft individuelle Pakete mit dem Sponsor ausgearbeitet, wodurch eine gute Beziehung zueinander die Geschäfte noch positiver verhandelt werden können (Wahlen, 2014, S. 36). Zum Anderen sollen ökonomische Aspekte ebenfalls Berücksichtigung finden. Durch die Umbenennung des Stadions zur „Verltins-Arena" erhält der Verein vier bis sechs Millionen Euro jährlich (Stadionwelt-Business, o.J.) Diese können als Beispiel zielorientiert in neue Spieler, Modernisierung des Stadions oder generell Erhaltung der Wirtschaftlichkeit des Vereins investiert werden.

Neben der Einnahme von Geldern durch das „Naming-Right Sponsoring" gibt es für die Vereine eine weitere wichtige Einnahmequelle. Zu den wichtigsten gehört nämlich noch das „Hospitality Marketing" dazu (Partecke, Pauer & Pundt, 2013a, S. 64). Das Wort stammt aus dem englischen und bedeutet Gastfreundschaft. Spezielle Kunden erhalten demnach eine Kombination aus guten Sitzplatzmöglichkeiten, Catering und einer vorzüglichen Bewirtschaftung. Dies kann entweder im Stadion erfolgen oder in einem z.b. extra aufgebauten VIP-Zelt (Riedmüler, 2011, S. 126). In den letzten Jahren hat sich das Hospitality Marketing als eine gute Möglichkeit zur Kundenbindung und Markendifferenzierung, sodass viele Vereine ihre Hospitality Maßnahmen ausbauen. Dieser Trend wird gerade in Abbildung 4 ersichtlich (Rubenbauer & Sturm, 2008, S. 1).

Verein	Stadion	VIP Logen			Business Seats		
		2003/2004	2007/2008	% Veränderung	2003/2004	2007/2008	% Veränderung
Schalke	Veltins Arena	72	90	+25%	1558	2468	+58%
Werder Bremen	Weserstadion	37	70	+89%	1000	1500	+50%
Hamburger SV	HSH Nordbank Arena	50	53	+6%	2104	3656	+74%
VfB Stuttgart	Mercedes-Benz Arena	43	44	+2%	1200	1850	+54%
1. FC Nürnberg	easyCredit Stadion	3	14	+367%	0	655	-

Abbildung 4: Veränderung der „VIP Logen" und „Business Seats" bei ausgewählten Mannschaften (Rubenbauer & Sturm, 2008)

In diesem Zusammenhang lässt sich der FC Bayern München als gutes Beispiel nennen. Durch die zunehmenden nationalen und internationalen Erfolge wurde die „Allianz Arena" im Jahre 2012 um 2000 Plätze erweitert (Wahlen, 2014, S. 56). Zudem wurden die Business-Seats zur Saison 2014/2015 um 100 Plätze erweitert. Durch den Umbau ist der V.I.P Hospitality Bereich im Stadion des FC Bayern Münchens maximal ausgelastet. Dieser biete 106 Logen mit 1.374 Plätzen und 2.252 Business Seats (Wahlen, 2014, S. 57). Mit dieser hohen Anzahl an Möglichkeiten den Zielgruppen ein besonderes Erlebnis zu bieten, verfolgt der Verein grundlegend beziehungsorientierte Ziele. Das Bedürfnis einer privilegierten Behandlung, einer emotional aufgeladenen sportlichen Veranstaltung und durch eine durch Catering zur Verfügung gestellte Rundumversorgung steigt heutzutage immer mehr. Dies ist eine gute Ausgangssituation, um mit potentiellen Kunden wie zum Beispiel Sponsoren in Kontakt zu treffen und individuelle Maßnahmen für eine Marketing-Kommunikation im Sport auszuhandeln. Gerade die Überflutung an Werbebotschaften für potentielle Zielgruppe ist es heute unerlässlich individuelle Möglichkeiten wie zum Beispiel Sportsponsoring durchzuführen (Wahlen, 2014, S. 36). Demnach nutzt der Verein Hospitality Marketing dafür, um neue Kunden zu gewinnen oder bestehende Kundenbeziehungen zu pflegen und gleichzeitig neue Einnahmen für den Verein zu generieren. Ein weiterer wichtiger Punkt, den es im Bereich der

Kundenpflege zu nennen gilt, ist die Verbesserung des Vertrauens zwischen den Geschäftspartnern. Auf Grund der außerordentlichen Situation durch das Hospitality Marketing können sensible Geschäftsthemen besser besprochen werden. In der Regel führt die Emotionalität im Sport zu einer „Emotionalisierung", wodurch sich die Zuschauer grundlegend wohl fühlen. Durch diesen Zustand des Wohlfühlens soll im Optimal die beidseitige Sympathie verbessert und eine Basis für zukünftige Geschäftsmöglichkeiten entwickeln werden (Wahlen, 2014, S. 40f).

Nicht nur, dass Vereins sich auf die externen Geschäftspartner konzentriert, sondern auch das interne Marketing mit dem Hospitality Marketing umsetzt. Diese innerbetrieblichen Anreize sollen den Zusammenhalt von Mitarbeitern und Arbeitsgruppen verstärken. Diese Maßnahmen sollen langfristig dazu dienen, neue Energie bei der Arbeit freizusetzen, welches in der Regel zu einer Leistungssteigerung führt (Wahlen, 2014, S. 41). Zusammenfassend lässt sich herausstellen, dass Hospitality Marketing ein wichtiges Marketing Instrument ist, um durch die Verbesserung der Geschäftsbeziehungen langfristig einen ökonomischen Erfolg zu generieren und ein besseres Arbeitsklima intern bei den Mitarbeitern zu schaffen.

Im Rahmen der Multifunktionalität von Sportstätten wird sich nachfolgend auf die Anlage „Veltins Arena" konzentriert, welche zur Hauptnutzung für den Bundesligisten FC Schalke 04 zur Verfügung steht. Seit der Eröffnung 2001 ist gehört sie zu der beeindruckendsten Multifunktionsarena in ganz Europa. Durch die Vielfältigkeit werden im Bereich der Nutzungsmöglichkeiten neue Maßstäbe gesetzt. Durch die Heimatspielstätte des FC Schalke 04 haben pro Spiel bis zu 63.000 Zuschauer die Möglichkeit in den Genuss dieser modernen Arena zu kommen. Sie wird nicht nur für die Austragung von Bundesligaspielen genutzt, sondern auch für DFB-Pokalspiele, das Champions League Finale im Jahre 2004 und sogar für internationale Spiele wie zum Beispiel die Austragung von Länderspiele genutzt. Dieser Fußballtempel genießt nationales, sowie internationales Ansehen, sodass selbst der ehemalige Fifa Präsident Joseph Blatter diesen würdigt. Seine Worte beziehen sich auf die von der UEFA maximal zu vergebenen 5-Sterne für die Multifunktionalität und den modernen Anspruch der Veltins Arena, indem er der Meinung ist, dass das Stadion sogar einen sechsten verdient hätte. Weitere sportliche Höhepunkte, die in dem Stadion stattgefunden haben, ist unter anderem noch die Eishockey WM im Jahre 2010, welche einen Besucher-Rekord realisierten, zu nennen. Weiterhin faden einige Box-Wettkämpfe von den international bekannten Boxern Vitali und Vladimir Klitschkos statt. Neben der Austragung von Fußballspielen und Sport-

Highlights finden weitere Events aus anderen Bereichen statt. Viele begeisterte Zuschauer konnten internationale Interpreten wie zum Beispiel Robbie Williams, U2, Bon Jovi und AC/DC auf der Bühne in der Arena genießen. Außerdem wurden in dem Stadion einige Opern inszeniert. Vielleicht kommt durch die Aufzählung der unterschiedlichsten Events die Frage, wie man den Anforderungen dieser gerecht wird und diese umgesetzt werden. Dies ist durch die modernste Technik der Arena möglich.

Hochmoderne Bühnen- und Tontechnik, ein riesiger Videowürfel, verschiebbare Tribünen, herausfahrbares Rasenfeld, die Möglichkeit das Dach zu schließen und eine auf Chiptechnologie basierende Technik, um zu zahlen, machen diese Arena zu einem multifunktionalem Meisterwerk. Wie es im obigen Absatz bei der Allianz Arena erwähnt wurde, existieren auch in der Veltins Arena hochexklusive Hospitality Maßnahmen, die mit dem erstklassigen Service, Komfort und einem ansprechenden Ambiente die Events zu einem optimalen Erlebnis machen (Hohenberger, 2015).

Somit lässt sich abschließend feststellen, dass die Veltins Arena sich auf die unterschiedlichsten Events anpassen kann und einen Mehrwert für alle Zuschauer aus den unterschiedlichsten Bereichen bietet und von Emotionalität geprägt ist. Zusätzlich wird durch die Dimension der Möglichkeiten deutlich, dass das Motto des Stadions „Alles eine Klasse besser" sehr treffend gewählt wurde.

5   Literaturverzeichnis

Alfermann, D. & Rütten, A. (2010). *Memorandum zur kommunalen Sportentwicklung.*
Hamburg.

Bach, L. (2004b). Sportstätten-Management – eine neue alte Aufgabe für den Sport. In
Landessport Hessen (Hrsg.), *Sportstätten-Management. Neue Wege für vereinseigene
und kommunale Sportstätten* (Zukunftsorientierte Sportstättenentwicklung, Bd. 6, 1.
Aufl.., S. 7-19). Frankfurt: Meyer und Meyer

Bach, L. (2011). Sportstätten-Management - *eine Gemeinschaftsaufgabe im Sport. 7.
Landeskonferenz des Landes Brandenburg.* Potsdam.

Bea, F. X., Scheurer, S. & Hesselmann, S. (2011). *Projektmanagement* (Grundwissen
der Ökonomik, Bd. 2388, 2. Aufl.) Stuttgart: UTB.

Bezold, T. (2008). Vermarktung und Management von Zugangsrechten im Sport. In A.
Hermanns & F. Riedmüller (Hrsg.), *Management-Handbuch Sport-Marketing* (2., voll-
ständig überarbeitete Aufl., S. 245-254). München: Vahlen.

Bundesinnenministerium für Umwelt, Naturschutz und Reaktorsicherheit & Deutscher
Olympischer Sportbund. (2007). *Green Champions – Leitfaden für umweltfreundliche
Sportgroßveranstaltungen.* Zugriff   am   05.12.2015.   Verfügbar   unter:
https://www.dosb.de/fileadmin/fm-dosb/arbeitsfelder/umwelt-
sportstaetten/Veranstaltungen/GreenChampions_Leitfaden_070928.pdf

Bundesministerium für Bildung, Jugend und Sport (1996). *Planung und Entwicklung
von Sportstätten – Ein Leitfaden für die kommunale Praxis.* Zugriff am 19.12.2015.
Verfügbar   unter:
http://www.mbjs.brandenburg.de/media/bb2.a.5813.de/leitfaden_sportstaetten_ep.pdf

Drengner, J. (2015). *Sport als Erlebnisrahmen im Eventmarketing. Ein Überblick* (es-
sentials). Wiesbaden: Springer Gabler.

Freyer, W. (2011). *Sport-Marketing. Modernes Marketing-Management für die Sport-wirtschaft* (4., neu bearbeitete Aufl.). Berlin: Erich Schmidt.

Hobel, B. (2015). *Gabler Wirtschaftslexikon – Projektmanagement.* Zugriff am 16.12.2015. Verfügbar unter: http://wirtschaftslexikon.gabler.de/Definition/projektmanagement-pm.html

Hohenberger, H. (2015). *FC Schalke 04 – Die vielen Gesichter der Veltins Arena.* Zugriff am 17.12.2015. Verfügbar unter: http://www.schalke04.de/de/stadion-und-tickets/veltins-arena/portraet/page/281--278--.html

Kähler, R. (2011). Betreibermodelle für Sportimmobilien. In L. Bielzer & R. Wadseck (Hrsg.), Betrieb von Sport und Veranstaltungsimmobilien. *Managementherausforderungen und Handlungsoptionen* (Blickpunkt Sportmanagement, Bd 3, 1. Aufl., S. 129-146) Frankfurt am Main: Peter Lang.

Krämer, T. (2004). *Stadionwelt-Business: Gelsenkirchen - Schalke verkauft Arena-Namensrechte für zehn Jahre an Veltins.* Zugriff am 08.12.2015. Verfügbar unter: http://www.stadionwelt-business.de/index.php?head=Gelsenkirchen-Schalke-verkauft-Arena-Namensrechte-fuer-zehn-Jahre-an-Veltins&rubrik=betrieb&site=news_view&news_id=93&kat=naming_right&ukat=

Kuster, J., Huber, E., Lippmann, R., Schmid, A., Schneider, E. Witschi, U. et al. (2011). Handbuch Projektmanagement (3. Erweiterte Aufl.). Berlin. [u.a]: Springer.

Nufer, G. & Bühler, A (2011a). Marketing im Sport. In G. Nufer & A. Bühler (Hrsg.), Marketing im Sport. *Grundlagen, Trend und internationale Perspektiven des modernen Sportmarketing* (2., völlig neu bearbeitete und wesentlich erweiterte Aufl., S. 175-202). Berlin: Erich Schmidt.

Nufer, G. & Bühler, A. (2011b). Marketing im Sport. In G. Nufer & A. Bühler (Hrsg.), Marketing im Sport. *Grundlagen, Trend und internationale Perspektiven des modernen Sportmarketing* (2., völlig neu bearbeitete und wesentlich erweiterte Aufl., S. 25-62). Berlin: Erich Schmidt.

Proeller, I. (2015). *Gabler Wirtschaftslexikon – Public Private Partnership*. Zugriff am 01.12.2015. Verfügbar unter: http://wirtschaftslexikon.gabler.de/Definition/public-private-partnership.html

Pundt, G., Partecke, I. & Pauer, C. (2013). PGE Arena in Danzig will sich im Konzert der Großen etablieren. *Stadionweltinside* (2), 66-68.

Riedmüller, F. (2011). *Professionelle Vermarktung von Sportvereinen. Potenziale der Rechtvermarktung optimal nutzen*. Berlin: Erich Schmidt.

Rubenbauer, S. & Sturm, H. (2008). *Planung & Analyse – Hospitality Marketing als Instrument zur nachhaltigen Markendifferenzierung*. Zugriff am 08.12.2015. Verfügbar unter: http://www.faircontrol.de/PDFs/Presse/2008-8_presseartikel_planunganalyse_v3.pdf

Rütten, A., Hübner, H., Wetterich, J., Wopp, C., Klages, A., & Stucke, N. (Deutsche Vereinigung für Sportwissenschaft (dvs) e.V., Hrsg.). (2010). *Memorandum zur kommunalen Sportentwicklungsplanung*. Zugriff am 21.12.2015. Verfügbar unter: http://www.sportwissenschaft.de/fileadmin/pdf/download/Memorandum_Sportentwicklungsplanung_2010.pdf

Rütten, A., Krause, K. & Schröder, J. (2003). *Ermittlung der Sportanlagebedarfe nach der verhaltensorientierten Methode*. Griesheim. Zugriff am 21.12.2015. Verfügbar unter: http://www.griesheim.de/fileadmin/stadt_griesheim/formulare/sportentwicklungsplan/Kapitel_3.pdf

Schlaffke, W. & Plünnecke, A. (2015). *Studienbrief – Sportanlagen- und Sportstättenmanagement*. Saarbrücken: DHfPG.

Wahlen, T. (2014). *Bachelorarbeit – Hospitality Marketing im Sport am Beispiel der Allianz Arena*. Hochschule Mittweida.

6 Abbildungs- und Tabellenverzeichnis

6.1 Abbildungsverzeichnis

6.2 Tabellenverzeichnis

7 Anhang

7.1 Arbeitsblatt: Sportanlangen- und Sportstättenmanagement

- **Grundlagen**

Sportstätte umfasst zwei Begriffe

Sportgelegenheiten
- Fläche die primär eine andere Nutzung hat (Badesee Austragungsort Triathlon)

Sportanlagen
- Ausschließlich für Sport hergerichtete Flächen

Art der Sportstätte	Nutzen für	
	Eigentümer/Betreiber	**Nutzer(Sportler)**
Kommunale ver-einseigene Sport-stätte	Sozial kultureller Nutzen → Gemeinwohlmaximierung	Nutzen als Bedürfnisbe-friedigung durch in An-spruch genommen Sport-Dienstleistung
Gewerbliche Sport-stätte	Ökonomischer Nutzen → Gewinnmaximierung	Ökonomischer Nutzen aus Preis/Leistung der in Anspruch genommen Sport-Dienstleistung

- **Sportstättenmanagement**

Entwicklung, Planung , Bau und den Betrieb von Sportstätten!

Management erfolgt unter folgenden Gesichtspunkten
- Lebenszyklus den die Sportstätte durchläuft
- Einhaltung von Handlungsweisen bei Planung Bau und Betrieb
- Angebotenen Sport-Dienstleistung

Lebenszyklus einer Sportstätte

1. Projektentwicklung
> Marktanalyse, Bedarfsanalyse, Finanzierungsplan

2. **Planung**: Projektplanung
> Nutzungsprogramm, Raumprogramm, Baukostenermittlung

3. **Bau**: Projekterstellung
> Grundstückbeschaffung, Bau der Sportstätte

4. **Betrieb**: Projektvermarktung
> Vermietung/Verpachtung

5. Projektnutzung/Bewirtschaftung
> Flächenmanagement, Instandhaltung, Modernisierung

6. Projektrevision ggf. erneute Projektentwicklung
> Auflassung, Abriss, Standortanalyse

Strategisches und operatives Sportstättenmanagement

Strategisch
- Führungsaufgabe, Was soll getan werden?
- Vorgabe von Zielen für Maßnahmen

Operativ
- Handlungsaufgabe, was wird getan?
- Umsetzung von Zielen und Maßnahmen

- **Ziele des Sportstättenmanagement**

3 Interessensgruppen von Bedeutung
- Investor und Eigentümer
- Betreiber
- Nutzer

Durch die 3 Gruppen können Zielkonflikte entstehen, Sportstättenmanagement muss diese **lösen**.

Ziele von Sportstättenmanagement

- Wahrung der Gleichberechtigung
- Flexibilität für alternative Nutzung
- Ertragssteigerung für Investor und Werterhaltung für Sportler
- Reduzierung der Lebenszykluskosten
- Konstentransparenz
- Beachtung späterer Folgen wg. Instandhaltung, Pflege
- Sammeln und Aufbereiten von Informationen
- Bewirtschaftung
- Evaluation der angebotenen Sport-Dienstleistung

- **Planung und Konzeption von Sportanlagen**

„Memorandum zur kommunalen Sportentwicklung" ist ein allgemein anerkannter Leitfaden.

Ein Leitfaden für ein zielgerichtetes methodisches Vorgehen für die Gestaltung von Rahmenbedingungen von Sport in der Bevölkerung und die Integration in einem Gesamtkonzept

- **Investition und Finanzierung des Baus von Sportanlagen**

Unterscheidung in

- Investition/Neubau
- Sanierung/Instandhaltung

Förderinteresse des Bundes

- Subsidiaritätsprinzip: alle anderweitigen Finanzierungsmöglichkeiten ausschöpfen bevor Förderung des Bundes möglich

Förderinteresse der Bundesländer, Kommunen

- Breitensport auch durch Kommunen und Bundesländer gefördert

Förderinteresse privater Investoren & Public Private Partnerships

- Bei gewerblichen Sportstätten betriebswirtschaftliches Interesse der Gewerbetreibenden, Förderung zur Instandhaltung und Sanierung
- Private Finanzierung schwierig wegen geringer Refinanzierungsaspekte

- Public Private Partnerships, öffentlich private Partnerschafen, das Ziel durch langfristige Zusammenarbeit Projekte effizienter zu gestalten

- **Betrieb von Sportanlagen und Sportstätten**

Alle Sportstätten brauchen finanzielle Mittel, zunehmende Kostendruck und hoher Sanierungsbedarf

- **Betreibermodelle für Sportanlagen**

Verhältnis zwischen Eigentümer und Betreiber einer Sportstätte

- Öffentlich rechtliche Betreiber
  - o Öffentlich rechtliche Institutionen Eigentümer, Kommunen, Bundesinstitutionen
  - o Haftung öffentlicher Träger, schnellere Entscheidung und effizienteres unternehmerisches Handeln effizienter
- Kooperationsformen
  - o Öffentliche Hand + Dritte
  - o Öffentlicher Eigentümer überlässt Sportanlage dem Sportverein
- Private Betriebe

Organisation

- ➢ Verknüpfung der organisatorischen Grundelemente
- ➢ Sinnvolle arbeitsteilige Gliederung und Ordnung durch die Bildung und Verteilung von Aufgaben

- Einliniensystem
- Stabliniensystem
- Spartenorganisation
- Organisation mit Ausschüssen
- Matrix Organisation

Ablauforganisation

- ➢ Festlegung der Arbeitsprozesse unter Berücksichtigung von Raum, Zeit, Sachmitteln und Personen

- **Nutzungskonzepte**
- ➢ Eine effiziente Nutzung und Auslastung tragen zum wirtschaftlichen Bestehen bei und garantieren Zugang vieler Bevölkerungsgruppen zum Sport

Formen der Nutzung
- Programmierte Nutzung
    - o regelmäßig und zum gleichen Zeitpunkt genutzt werden
- Spontane Nutzung
    - o Unregelmäßig zu wechselnden Zeitpunkten genutzt werden

Zuteilung der Nutzung erfolgt über Belegungspläne

Analyse der Ausnutzung:
- Ist-Nutzungsdauer: tatsächlich genutzte Zeiträume; std/woche
- Soll-Nutzungsdauer: mögliche zu nutzende Zeiträume; std/woche
- Ist-Belegungsdichte: Anzahl anwesender Sportler; Sportler/Anlage
- Soll-Belegungsdichte: mögliche Anzahl der Sportler; Sportler/Anlage

- → Max. Auslastung unmöglich; idR Kalkulation mit 80% Auslastung
- → Sportanlagen mit spontaner Nutzung lassen sich schwer analysieren

Alternative Nutzung der Sportanlage
- Freie Kapazitäten optimal nutzen
- Doppelrolle: Anlage für Schulsport und in freien Zeiten für Bevölkerung
- Vereinseigene Anlage: in freien Zeiten vermieten
- Kommerzielle Anlagen: alternative Nutzung um Erlös zu steigern

- **Nachhaltigkeit von Sportanlagen**

3 Säulen Modell der Nachhaltigkeit
- Ökonomie
    - o Langfristige Unternehmenssicherung
- Ökologie
    - o Ressourcenschonend, Erhalt von Ökosystemen
- Soziales
    - o Kooperation, Gleichberechtigung

Nachhaltigkeit einer Sportanlage

- Bauliche Infrastruktur
- Nutzung
- Organisation
- Sportgroßveranstaltungen

- **Facility Management**
- ➢ Strategisches Konzept zur Bewirtschaftung Verwaltung und Organisation aller Sachressourcen innerhalb eines Unternehmens

3 Dimensionen

- Infrastrukturelles Gebäudemanagement
    - o Datenverarbeitung, Sicherheit, Sauberkeit,
- Kaufmännisches Gebäudemanagement
    - o Buchhaltung, Kosten-/Erlösrechnung, Controlling
- Technisches Gebäudemanagement
    - o Nutzung der technischen Ausstattung sicherstellen

- **Vermarktung von Sportanlagen und Sportstätten**
- ➢ Durch Einsatz mordernen Marketings und Fokus der Bedürfnisse der Mitglieder kann Verein profitieren. Verbesserung der Außendarstellung eines Vereins und Differenzierung von anderen Vereinen
- **Vermarktung der Sportanlage**
- ➢ Vermarktung einer Immobilie

Multifunktionale Nutzung

- Große multifunktionale Halle
    - o Veranstaltungsstätte für Events, sportlich & nicht-sportlich
- Kleine multifunktionale Halle
    - o Vorranging für Profi Sport aber auch möglich für weitere Veranstaltungen

➔ Ziel: ökonomische Auslastung! Keine maximale!

Naming-Right-Sponsoring

Nehmer kauft Namensrechte einer Sportanlage, geschieht über einen vertraglich festgelegten Zeitraum

Sicht des Eigentümers

- Kosten für Investition refinanzieren
- Dienstleistung und Produkte des Sponsors günstiger

Sicht des Namensgebers (Käufer)

- Marke erlebbar, positive Assoziation
- Steigerung der Bekanntheit
- Dominantes Alleinstellungsmerkmal
- Wettbewerbsvorteil

Laufzeit nicht zu kurz bemessen

Rechtlicher Aspekt: handelt sich hierbei um einen Pachtvertrag

- **Vermarktung der sportlichen Leistung**
  - ➢ Neben Sponsoring Ticketeinnahmen wichtigste Einnahmequelle

Ticketing

- ➢ Befasst sich mit der Vermarktung von Zugangsrechten zu einer Sportanalagen die ein Interessierter erhält um live und direkt einer Sportveranstaltung teilzunehmen

Distributionskanäle

- Klassische Distributionsformen (Verkauf Karten Stadionkasse)
- Elektronische Distributionsformen
  - o Online Ticketing (Print at home)
  - o Mobile Ticketing (Übermittlung Barcode auf Handy)
  - o Payment Karten (Konto aufladen und bargeldlos bezahlen

Vorteile

- Vernetzung verschiedener Funktionen von Spiel mit Catering Parkplätzen etc.
- Buchung von Zusatzleistungen
- Schnittstellen zur Finanzbuchhaltung; transparente Basis für Buchhaltung
- CRM; Verbindung mit Merchandise

Secondary Ticketing

- Eigener offizieller Zweitmarkt für Tickets um Schwarzmarkt zu reduzieren

Ticketpreise
- Kalkulatorische Größe sind Hallenmiete, Infrastruktur, Kosten für Bühne und Technik

Preisgestaltung und Kapazität
- Yield Management ist ein Ansatz für eine Kapazitätssteuerung
- Beschreibt Preis Menge Steuerung

Hospitality Marketing
- Differenzierung anhand Business Plätzen und Logen mit besonderem Service
- Exklusivität: Sonderbehandlung
- Komfort: angenehme Gestaltung des Events

Ausprägungsformen
- Hospitality im weiten Sinn
  o Beziehungspflege zu Sponsoren oder Partnern
  o Gastgeber = Sportanlagenbetreiber
  o Gäste = Anspruchsgruppen der Anlage
- Hospitality im engeren Sinn
  o Gastgeber = Unternehmen, verfolgen strat. Ziele mit Hospitality
  o Gäste = Klienten des Unternehmens

Hospitality Produkte
- Reservierte Parkplätze
- Rahmenprogramm durch Promis
- Konferenz Besprechungsräume
- Souvenirs

- **Projektmanagement**

Projekt =
Einmalige bereichsübergreifendes Vorhaben welches zeitlich begrenzt ist. Es ist zielgerichtet interdisziplinär und so wichtig, kritisch und dringend, dass es nicht in der bestehenden Organisation bearbeitet werden kann und besondere organisatorische Vorkehrungen getroffen werden müssen

Projektmanagement

> Oberbegriff für alle planenden überwachenden koordinierenden und steuernden Maßnahmen die für die Um oder Neugestaltung von System oder Prozessen erforderlich sind

Grundparameter

- Leistung
- Ressourcen
- Zeit

> Stehen in enger Wechselwirkung zueinander

Projektphasen

(1) Projektdefinition

(2) Projektplanung

(3) Projektdurchführung

(4) Projektkontrolle

BEI GRIN MACHT SICH IHR WISSEN BEZAHLT

- Wir veröffentlichen Ihre Hausarbeit,
  Bachelor- und Masterarbeit

- Ihr eigenes eBook und Buch -
  weltweit in allen wichtigen Shops

- Verdienen Sie an jedem Verkauf

Jetzt bei www.GRIN.com hochladen
und kostenlos publizieren